AF100677

www.ingramcontent.com/pod-product-compliance
Lightning Source LLC
LaVergne TN
LVHW010557070526
838199LV00063BA/4994

9789358720594

فروغِ جام

(مجموعہ کلام)

نشور واحدی

© Taemeer Publications

Farogh-e-Jaam *(Poetry)*
by: Nishwar Wahidi
Edition: May '2023
Publisher & Printer:
Taemeer Publications, Hyderabad.

ISBN 978-93-5872-059-4

مصنف یاناشر کی پیشگی اجازت کے بغیر اس کتاب کا کوئی بھی حصہ کسی بھی شکل میں بشمول ویب سائٹ پر اَپ لوڈنگ کے لیے استعمال نہ کیا جائے۔ نیز اس کتاب پر کسی بھی قسم کے تنازع کو نمٹانے کا اختیار صرف حیدرآباد (تلنگانہ) کی عدلیہ کو ہو گا۔

©تعمیر پبلی کیشنز

کتاب	:	**فروغِ جام**
مصنف	:	**نشور واحدی**
صنف	:	شاعری
ناشر	:	تعمیر پبلی کیشنز (حیدرآباد، انڈیا)
زیر اہتمام	:	تعمیر ویب ڈیولپمنٹ، حیدرآباد
سالِ اشاعت	:	۲۰۲۳ء
تعداد	:	(پرنٹ آن ڈیمانڈ)
طابع	:	تعمیر پبلی کیشنز، حیدرآباد -۲۴
صفحات	:	۹۴
سرورق ڈیزائن	:	تعمیر ویب ڈیزائن

فہرست

۱	ہمہ گریہ سلکِ شبنم، ہمہ اشک بزم انجم	9
۲	یہ نظم گریزاں ہے برہم زدنی پہلے	11
۳	یہ نیم باز تری انکھڑیوں کے میخانے	13
۴	نگاہ حاصلِ رعنائی دو عالم ہے	15
۵	دل کی تصویر حسن ور عنائی	17
۶	غمِ خاموش جو بااشکِ چکاں رکھتا ہوں	19
۷	پنکھڑی ایک گلستاں سے صبا کیا لائی	22
۸	محفلِ انساں میں کیوں بے رونقی پاتا ہوں میں	25
۹	چمن کو خار وخسِ آشیاں سے عار نہ ہو	26
۱۰	حسن جتنا ہی سادہ ہوتا ہے	28
۱۱	میکدہ آج سے ہے ملکِ عوام اے ساقی	30
۱۲	وہ خزاں ہو یا کہ بہار ہو تجھے جاگنے کا پیام ہے	32
۱۳	زاہد اسیرِ گیسوئے جاناں نہ ہو سکا	33
۱۴	بنا کعبے کی بت خانے نے ڈالی	35
۱۵	رگ رگ سی ٹوٹتی ہے محبت میں رات کی	37

۱۶	زندگی راہ بے راہ چلتی رہی	39
۱۷	تجلیوں سے غمِ اعتبار لے کے اٹھا	41
۱۸	فکرِ نو ذوقِ تپاں سے آئی ہے	43
۱۹	نظمِ شراب خانہ تو برہم نہ ہو سکے	45
۲۰	نظارہ ان کی تجلی کے ماسوا بھی نہیں	47
۲۱	گناہ گار کو رحمت کو منہ دکھا نہ سکا	48
۲۲	پیراہنِ رنگیں سے شعلہ سے نکلتا ہے	50
۲۳	لذتِ غم اگر کوئی جانے	52
۲۴	دنیا کو خبر کیا کہ کسی سادہ ادا نے	54
۲۵	زندگی گری اُحساس پہ نازاں ہے ابھی	56
۲۶	راستہ اس نے محبت کا جدا رکھا ہے	57
۲۷	دانستہ بے خودی بھی جمالِ حیات ہے	59
۲۸	کام لیتے ہیں جو ایجادِ نظر سے پہلے	61
۲۹	دنیا سنور گئی ہے نظامِ دگر کے بعد	63
۳۰	نظر نظر کو ساقی حیات کہتے آئے ہیں	65

۳۱	اک دامنِ رنگیں لہرایا، مستی سی فضا میں چھائی گئی	67
۳۲	مضطرب فطرتِ انساں تپشِ گام سے ہے	69
۳۳	بہار چھپ نہیں سکتی گل و چمن پکار اُٹھے	70
۳۴	جانبازوں کے لب پر بھی اب میش کا نام آیا	72
۳۵	فطرت ہے حجابات سے تھک جائے تو کیا ہو	74
۳۶	ہزار شمع فروزاں ہو روشنی کے لیے	76
۳۷	نہیں حسن اب شمعِ فانوس خانہ	77
۳۸	مری رات کا اک سکوں تاب عالم	79
۳۹	تخیل رقص کرتا ہے تجلی چھائی ہوتی ہے	81
۴۰	ٹھکرائے ہوئے دل کی یاد آئی تو کیا آئی	82
۴۱	سمجھو تو یہ بھی تنگیِ چشمِ بہار ہے	84
۴۲	شاید کہ نظر پہنچے تیری غمِ انساں تک	85
۴۳	نگاہِ مست سے اخذِ غمِ حیات کرے	87
۴۴	ہر ذرۂ خاکی کو کرن ہم نے بنایا	89
۴۵	زمانہ دلکش بنا را ہوں فضا در خشاں بنا را ہوں (خاکِ تاباں)	92

نشورؔ اب غزل ہے حیاتِ دو عالم
یہ عنوانِ زلف و کمر اِک بہانہ

ہمہ گریہ سلک شبنم، ہمہ اشک بزم انجم
جو نہ گل بھی مسکرائے، تو کہاں رہے تبسّم

نہ مجال عرض شکوہ، نہ اجازت تکلّم
تری زندگی خموشی، مری زندگی تلاطم

نہ خطا مری نظر کی، نہ گنہ ترَے کرم کا
کہ نصیب عاشقاں ہے یہ شکستِ بے تصادم

مری حسرتیں پشیماں، مری کروٹیں غم آگیں
تری رات رنگ و نکہت، تری نیند ماہ و انجم

تھی بھری بہار لیکن، گل و بوئے گل نے سمجھا
نگہِ چمن سے چھپ کر، جو کبھی ملے ہیں ہم تم

کہیں برق جگمگائی، کہیں پھول مسکرائے
جو ترے لبوں کو چھوکر، ہوا منتشر تبسّم

کوئی راہ ہے محبت، تو ہجوم ہے جوانی
کہیں پاؤں ڈگمگائے، کہیں زندگی ہوئی گم

یہ ادائے ملتفت ہے، کہ حجاب کم نگاہی
ترے رُخ پہ رنگ رُخ کا، یہ تھکا تھکا تلاطم

کہیں مل گئے کنارے، رہ و رسم آرزو کے
غمِ دل کو چھو رہا ہے، یہ سکوتِ پُر تکلّم

جسے غم سے کچھ ملا ہے، وہی ہم نفس ہے میرا
جو شکستہ سازِ دِل ہو، تو سنو مرا ترنّم

یہ سمجھ لو زندگی ہے، سفرِ ہزار جادہ
غمِ کارواں سے چھوٹے، تو نشؔور کھو گئے تم

یہ نظمِ گریزاں ہے، برہم زدنی پہلے
زاہد کی طرف سے ہو، توبہ شکنی پہلے

پھولوں کے تبسّم پر، رونا ابھی آتا ہے
دیکھی ہے ان آنکھوں نے، ویراں چمنی پہلے

یوں حُسن کے چہرے پر آئی نہیں برنائی
سَو شام کے پردوں میں، اک صبح چھنی پہلے

اب حُسن کی فطرت بھی شبنم سی انیندی ہے
صد خواب گلستاں تھی گل پیرہنی پہلے

معلوم کسے آخر اس خاکِ تمنا سے
پردا نہ اُٹھا پہلے، یا شمع بنی پہلے

یہ عیش کے ہنگامے، اُڑتے ہوئے بادل ہیں
ہوتی ہے نگاہوں میں ہر چھاؤں گھنی پہلے

تسخیر جہاں اکثر، تہذیبِ جنوں میں ہے
عالم شکنی چاہے کر خود شکنی پہلے

انعام عمل شاید، کچھ یوں ہی مقرر ہے
گل پیرہنی آخر، رنگیں کفنی پہلے

اِک نیم تبسم سے ہوتا ہے چمن زندہ
عیسیٰ نفسی سیکھے غنچہ دہنی پہلے

بے مہریِ ساقی کی تخلیق ہے ہشیاری
میخانہ میں زاہد کی توبہ بھی بنی پہلے

ہر نغمہ نشورؔ اب بھی ممنونِ تغزّل ہے
سکھلائی غزل نے ہی شیریں سخنی پہلے

یہ نیم باز تری انکھڑیوں کے میخانے
نظر ملے تو چھلک جائیں دِل کے پیمانے

شرابِ شوق سے بوجھل لبوں کے پیمانے
تری نگاہ کو ایسے میں کون پہچانے

کہیں کلی نے تبسُّم کا راز سمجھا ہے
جو خود چمن ہے وہ اپنی بہار کیا جانے

عجب نہیں جو محبتؔ مجھے سمجھ نہ سکے
وہ اجنبی ہوں جسے زیست بھی نہ پہچانے

جو ہوش میں تھا تو کوئی نہ مے بہ جام آیا
بہک گیا ہوں تو دُنیا چلی ہے سمجھانے

یہیں سجودِ محبت کی بستیاں تھیں کبھی
بتا رہے ہیں یہ دیر وحرم کے ویرانے

کہیں چراغ جلانے کی ہورہی ہے سبیل
بُجھا رہے ہیں یہاں شمع خود ہی پروانے

فریبِ مشرق و مغرب ہیں رہروانِ جدید
یہ بد نصیب نہ عاقل ہوئے نہ دیوانے

وہ زندہ ہے جو بہے موجِ وقت کی رَو میں
وہ زندہ تر ہے جو طوفاں میں ٹھیرنا جانے

میں اپنی بزم سے اتنا ہی دُور ہوں کہ نشورؔ
مری نواؤں سے کچھ آشنا ہیں بیگانے

نگاہ حاصلِ رعنائیِ دو عالم ہے
وصال اگر نہیں ممکن نظارہ کیا کم ہے

ترا وجود خود اِک سجدۂ مجسّم ہے
نہ زندگی ہے زیادہ نہ بندگی کم ہے

وہ ایک قطرہ جو آنکھوں کا رنگ لے کے گرے
ہزار عالمِ رنگیں کا ایک عالم ہے

جہاں میں رہ کے ترا سجدہ بھول سکتا ہوں
ابھی ٹھہر کہ جبینِ نیاز برہم ہے

عنایتوں سے غمِ آرزو بدل نہ سکا
لچک رہی ہے تجلّی نگاہ محکم ہے

گنہ گنہ سے نیا اِک جہان پیدا کر
نئی رگیں ہیں جوانی ہے خونِ آدم ہے

نظر میں کیف بھی ٹھہرے تو بارِ غم ہے نشوؔر
خوشی وہی ہے یہاں جس کی زندگی کم ہے

دِل کی تصویر حسن و رعنائی
سطح آ گئی ہے گہرائی

شامِ غم اور ملالِ تنہائی
بڑی مشکل سے رات نیند آئی

پھول نے بھی ترے گلستاں سے
دِل نہ پایا تو دلکشی پائی

ارتباطِ حیات بھی دیکھا
ایک محفل ہزار تنہائی

پھیکا پھیکا سا ہے تبسّم گُل
جیسے کھِل کر بہار پچھتائی

حُسن اِک ناتمام سا اقدام
عشق اِک کامیاب پسپائی

اک نَفَس وہ بھی غیر کا ممنون
زیست اس زندگی سے شرمائی

توبہ و جام و نرگسِ مخمور
مجھ سے پہلے شراب تھرّائی

دیکھتا ہوں نشورؔ شعروں میں
دِل کی گیرائی غم کی گہرائی

غمِ خاموش جو با اشکِ چکاں رکھتا ہوں
ایک ٹھہرے ہوئے دریا کو رواں رکھتا ہوں

اِک بدلتی ہوئی دُنیا کا سماں رکھتا ہوں
اُن کی جانب سے محبت کا گماں رکھتا ہوں

شوق تازہ ہو کہ ہو حسرتِ بالیدہ کوئی
کچھ نہ کچھ سلسِلۂ آہ و فغاں رکھتا ہوں

پسِ مژگاں وہ چُرائے ہوئے آنسو کی قسم
اُن کے دامن پہ غمِ دل کا نشاں رکھتا ہوں

کچھ جھجکتی ہوئی نظریں ہیں خریدارِ جمیل
میں بھی پلکوں پہ ستاروں کی دکاں رکھتا ہوں

منتظر ہیں حرم و دیر کے گوشے یعنی
میں نے جو شمع جلائی ہے کہاں رکھتا ہوں

مصلحت ہے کہ ترا تیر نہ خالی جائے
ورنہ مٹھی میں اِرادوں کی کماں رکھتا ہوں

غیر کے ہاتھ میں آزادیٔ روشن کا چراغ
میں فقط مردہ چراغوں کا دُھواں رکھتا ہوں

داغ ہوں لالۂ اقوام جہاں کے دل کا
میں بہاروں کے کلیجے پہ خزاں رکھتا ہوں

تیری بخشی ہوئی آزاد جبیں کی سَوگند
ایک سجدہ بھی غلامی میں گراں رکھتا ہوں

کوئی منزل ہو مجھے آبلہ پائی سے ہے کام
کچھ زمیں کہتی ہے میں پاؤں جہاں رکھتا ہوں

انقلابات و عزائم کے سنورنے کے لیے
ایک آئینہ پسِ لفظ و بیاں رکھتا ہوں

میری دُنیا میں نہ کعبہ ہے نہ بت خانہ نشورؔ
دِل کے گوشے میں مگر دَیرِ مغاں رکھتا ہوں

پنکھڑی ایک گلستاں سے صبا کیا لائی
دُور تک نکہتِ گل خاک اُڑاتی آئی

اُف وہ بیگانہ نگاہوں کی کرم فرمائی
فطرتِ عشق بہ انداز جنوں تھرائی

تازہ تازہ وہ شکستِ سخن رعنائی
چُپ ہوئے وہ تو تبسُّم کی جھلک سی آئی

آخرِ شب وہ ستاروں کی سرکتی ہوئی چھاؤں
مَیں وہیں بیٹھ گیا رات جہاں لہرائی

جاگی جاگی ہوئی پلکیں وہ بہ آغوشِ جمال
دل کو آرام زیادہ تھا تو کم نیند آئی

وقت نے ظرفِ نظر کو لبِ مے خوار کیا
تشنگی شیشہ کو پیمانہ بنا کر لائی

زندگی ایک ہجوم گزراں ہے لیکن
آدمی اپنی جگہ عالمِ صد تنہائی

اپنے ہی شعلۂ رنگیں سے جَلا دامن گل
اپنی ہی شاخ تبسُّم پہ کلی مُرجھائی

منزلِ عقل جنوں رنگ اسے ملتی ہے
جس نے اِک بار رہ عشق میں ٹھوکر کھائی

پتّے پتّے کا نہیں گلشن عالم میں جواب
ذرّہ ذرّہ میں دھڑکتا ہے دلِ یکتائی

ٹوٹتی سی رگِ دوراں یہ ترقی کی تھکن
کسی معشوقِ سحر خیز کی نیم انگڑائی

خاک اور خون سے اِک شمع جلائی ہے نشورؔ
موت سے ہم نے بھی سیکھی ہے حیات آرائی

محفلِ انساں میں کیوں بے رونقی پاتا ہوں میں
زندگی خالی ہے اور دُنیا بھری پاتا ہوں میں

ہر تبسُّم میں تعلّق کی کمی پاتا ہوں میں
ہر ادا آرائشِ بیگانگی پاتا ہوں میں

گل تبسُّم ریز ہیں لیکن چمن افسردہ ہے
شمع جلتی ہے مگر محفل بجھی پاتا ہوں میں

جل رہا ہے کس جگہ شامِ غریباں کا لہو
دُور تک پھیلی ہوئی اِک روشنی پاتا ہوں میں

نازِ حُسنِ دوست میں بیتاب ہے اِک آرزو
دِل کا اِک عالم بہ قیدِ دلبری پاتا ہوں میں

روح کی وہ جلوہ سامانی نہیں ممکن نشوؔر
زندگی جب خود برائے زندگی پاتا ہوں میں

چمن کو خار و خس آشیاں سے عار نہ ہو
کہیں گزشتہ بہاروں کی یادگار نہ ہو

چمک رہا ہے اندھیرے میں کاروبارِ حیات
نظر، نظر ہو تو جینا بھی سازگار نہ ہو

یہ زلف و رُخ، یہ شب و روز، یہ بہار و خزاں
وہ سلسلہ ہے کہ قطع نظر بھی بار نہ ہو

بہار کچھ جو ملی رنگ و بو سے بیگانہ
وہ آ گئے کہ عناصر میں انتشار نہ ہو

یہ تار و پودِ نظامِ خرد بکھر کے رہے
جنوں بقدرِ تجلّی جو ہوشیار نہ ہو

یہ ڈر رہا ہوں میں تکرارِ موسمِ گل سے
مِٹا ہوا کوئی عالم پھر آشکار نہ ہو

یہ آرزو ہے کہ خوش فہمیِ طلب ہے نشوؔر
اُمید کیا ہے جو دُنیا اُمید وار نہ ہو

حُسن جتنا ہی سادہ ہوتا ہے
گیسوئے ناکشادہ ہوتا ہے

عشق اِک ربطِ سادہ ہوتا ہے
محشرِ بے ارادہ ہوتا ہے

جب کبھی شغلِ بادہ ہوتا ہے
ایک عالم زیادہ ہوتا ہے

جب وہ آتے ہیں زندگی کے قریب
دل بھی دُور اُفتادہ ہوتا ہے

کیا خبر یہ فِشُردۂ انگور
کتنا خوں ہو کے بادہ ہوتا ہے

مرگ کرتی ہے جب کہ دربانی
زیست کا در کشادہ ہوتا ہے

اُن کا جلوہ نہ دُور ہے نہ قریب
نور ہے کم زیادہ ہوتا ہے

راہِ احساسِ بے کسی مت پوچھ
کوئی منزل نہ جادہ ہوتا ہے

حُسن ہوتا ہے سادہ و رنگیں
عشق رنگین و سادہ ہوتا ہے

گنگناتا ہوں فرصتوں میں نشورؔ
شعر تنہائی زادہ ہوتا ہے

میکدہ آج سے ہے مِلکِ عوام اے ساقی
ایک جام اور دے جمہور کے نام اے ساقی

کون لالے کی طرح داغِ جگر رکھتا ہے
کون لے تازہ بہاروں کا سلام اے ساقی

کوئی آنسو کوئی شبنم کوئی آکاش کی بوند
کوئی قطرہ نہیں دریا کا غلام اے ساقی

مے تو ہے ایک مگر ہوتی ہے تقسیم کے بعد
ساغرِ شیخ و برہمن میں حرام اے ساقی

نہ پیالوں میں شراب اور نہ محفل میں چراغ
تو نے دیکھی ہے غریبوں کی بھی شام اے ساقی

اور ہوں گے جنھیں صہبا کا تقاضا ہوگا
ہم کو خالی ہی پیالے سے ہے کام اے ساقی

شور ہر سمت ہے جمہور کی آزادی کا
مےَ اُبلتی ہے اگر ہوتی ہے خام اے ساقی

ہیرے اور شیشے کا مول ایک ہے بازاروں میں
جوہری ہوں تو جواہر کے ہیں دام اے ساقی

وہ خزاں ہو یا کہ بہار ہو تجھے جاگنے کا پیام ہے
کہیں سوگیا ہو جو باغباں تو چمن کی نیند حرام ہے

یہ تھکا تھکا ہوا کارواں نہیں آشنائے سُبک روی
تو سنبھل سنبھل کے قدم اُٹھا کہ زمانہ تیز خرام ہے

ترے ماہ و مہر حیات کو نہ طلوع ہے نہ غروب ہے
تو زمانۂ اَبدُ اللّٰہی نہ تری سحر ہے نہ شام ہے

دِل عاشقانِ رضا طلب صنم آشنا ہی سہی مگر
تری مسجدوں کا یہ برہمن مرے بت کدے کا امام ہے

کسی آستیں میں لہو چھپے وہ ندا ہے بختِ سیاہ کی
یہ کرن پکار کے کہہ گئی کہ شفق کے بعد ہی شام ہے

وہ جنازہ کوئی اُٹھا سکے کہ پیالہ کوئی بڑھا سکے
جو کسی کے ہاتھ سے مل سکے وہی پھول ہے وہی جام ہے

زاہد اسیرِ گیسوئے جاناں نہ ہوسکا
جو مطمئن ہوا وہ پریشاں نہ ہوسکا

قیدِ خودی میں آدمی انساں نہ ہوسکا
ذرّہ سمٹ گیا تو بیاباں نہ ہوسکا

دامن تک آ کے چاک گریباں بھی رہ گیا
اندازۂ بہارِ گلستاں نہ ہوسکا

خونِ دِل و جگر نہ تبسّم بنا نہ اشک
مضمونِ آرزو کوئی عنواں نہ ہوسکا

مرنا تو ایک بار ہوا سہل بھی مگر
جینا جسے کہیں کبھی آساں نہ ہوسکا

بڑھتا ہی جارہا ہے زمانے کا اضطراب
دُنیا کے درد کا کوئی درماں نہ ہوسکا

مستقبل حیات کے عرفاں سے میں نشورؔ
اس دَورِ پُر فریب کا انساں نہ ہوسکا

بِنا کعبے کی بُت خانے نے ڈالی
بُتوں نے پھر تری دُنیا سنبھالی

چمن کا سبزۂ خوابیدہ ہوں میں
مُبارک مجھ کو دورِ پائمالی

شکستِ زندگی بھی مصلحت ہے
خضر نے پھر یہ کشتی توڑ ڈالی

چمن پر ہنس رہے ہیں غنچہ و گل
کہاں سوتے ہیں اس گلشن کے مالی

مرے سینے میں ہے جوشِ عزائم
بہ اندازِ ہجوم خستہ حالی

یہ بازو انقلابات آزما ہیں
زوال آ گہ ہے میری لا زوالی

سیاست ایک دورِ برق و باراں
محبت ایک ذوقِ لایزالی

چمن زاروں میں پھر روتی ہے شبنم
بہ اشکِ دیدۂ اقبالؔ و حالیؔ

نشورؔ آمادۂ فریادِ نو ہے
مرا دِل ہو کے اُمیدوں سے خالی

رَگ رَگ سی ٹوٹتی ہے محبت[1] میں رات کی
انگڑائیوں میں کتنی تھکن ہے حیات کی

نظروں میں ہے شراب دو گونہ ملی جلی
کچھ زندگی کی کچھ کشش بے ثبات کی

میں چُپ رہا تو وہ بھی تکلّف سے چپ رہے
میں نے جو بات کی تو تغافل نے بات کی

زُلفِ سیاہ تا کمر و دوش منتشر
جیسے کوئی دراز حکایت ہو رات کی

جب تلخیٔ شباب میں آیا ترا خیال
شاخیں لچک لچک سی گئی ہیں نبات کی

[1] مجموعۂ کلام سوادِ منزل میں یہ مصرع اس طرح ہے، ''رگ رگ سی ٹوٹتی ہے شب غم میں رات کی''

رقصاں ہے جیسے میرے دلِ مضطرب کے پاس
گل پیرہن سی ایک تمنا حیات کی

وقتِ سحر خمارِ مئے و جام کچھ نہ پوچھ
دن وہ مزا نہیں ہے حکایت میں رات کی

مستی بھی اک خمار ہے آلام کا نشورؔ
ہستی بھی اک ادا ہے غمِ کائنات کی

زِندگی راہ بے راہ چلتی رہی
ٹھوکریں کھا کے دُنیا سنبھلتی رہی

بزم خود کام تھی مُنتشِر ہوگئی
شمع بے لوث جلتی تھی جلتی رہی

رات کے قافلے دُور پہنچے کہیں
صبح مخمور تھی آنکھ ملتی رہی

کتنی بے درد تھی محفلِ رنگ و بو
غم برستا رہا مے اُبلتی رہی

لغزشوں کو مواقع ملے زیست کے
حادثے سوگئے موت ٹلتی رہی

کچھ لہو کچھ شفق کچھ کواکب بنی
میری شامِ الم رُت بدلتی رہی

میری دیوانگی میری فرزانگی
انقلاب و عزائم میں پلتی رہی

موج مردہ تھی گرداب خوابیدہ تھا
ناؤ کاغذ کی تا دیر چلتی رہی

زندگی کیا نشورؔ اپنی گزری یہاں
سانس چلنی تھی رُک رُک کے چلتی رہی

تجلیوں سے غمِ اعتبار لے کے اُٹھا
سکوں نہیں تھا تو دِل کا قرار لے کے اُٹھا

چمن میں غم کی بہاریں گزار دیں میں نے
وہاں سے اپنے نشیمن کے خار لے کے اُٹھا

کیے جنوں میں یہاں تک سجودِ مجبوری
کہ آستاں سے ترے اختیار لے کے اُٹھا

گزرنے والے مسافر سے کیا امیدِ وفا
ہر ایک رہ سے کوئی انتظار لے کے اُٹھا

خزاں نصیب ہے دنیا اسے خبر کیا ہے
بہار لے کے جو بیٹھا بہار لے کے اُٹھا

چمن سے کیوں نہ تعلق ہو صورتِ شبنم
وہ گر پڑا جو علائق کا بار لے کے اُٹھا

حیات خیز ہے ہر رنگ میں ثباتِ نشورؔ
جو سنگ ہو کے بھی بیٹھا شرار لے کے اُٹھا

فکرِ نوَ ذوقِ تپاں سے آئی ہے
گرد تھوڑی کارواں سے آئی ہے

زندگی پرچھائیاں اپنی لیے
آئینوں کے درمیاں سے آئی ہے

سیکھ کر جادو وہ چشمِ مے فروش
محفل جادو گراں سے آئی ہے

رات کے افسوں جگاتے ہی رہے
نیند اپنی داستاں سے آئی ہے

ہو لیے ہم زندگی کے ساتھ ساتھ
یہ نہیں پوچھا کہاں سے آئی ہے

یا جوانی چھو رہی ہے چاند کو
یا محبت کہکشاں سے آئی ہے

تھا ابھی جاری بیان زندگی
موت اُٹھ کر درمیان سے آئی ہے

داغہائے سینہ میں یہ تازگی
التفاتِ ناگہاں سے آئی ہے

کیا خبر تجھ کو اسیرِ نو بہار
کتنی رعنائی خزاں سے آئی ہے

انقلاب نو میں یہ قوت نشورؔ
میرے دستِ ناتواں سے آئی ہے

نظمِ شراب خانہ تو برہم نہ ہوسکے
ساقی کوئی ہو فیضِ نظر کم نہ ہوسکے

آنسو چمک اُٹھے ترے دامن سے دُور دُور
تارے بنے وہ اشک جو شبنم نہ ہوسکے

رندانِ مے پرست کی کم فرصتی نہ پوچھ
اکثر شریکِ بزم دو عالم نہ ہوسکے

اے کم نصیب لذّتِ آلام روزگار
غم اس لیے دیا کہ تجھے غم نہ ہوسکے

روح بہار و نور کواکب ، رمِ حیات
انساں نہ ہو تو حسن مجسّم نہ ہو سکے

مے خانۂ نشاط کے یہ رِندِ کم نگاہ
اُٹھے تھے جام لے کے مگر جم نہ ہو سکے

اب غم کو جستجو ہے اِک ایسی نگاہ کی
جو اُن کے التفات کا عالم نہ ہو سکے

شاعر کی زندگی جو نہ ہو دل شکن نشوؔر
سامانِ اشک و آہ فراہم نہ ہو سکے

نظارہ ان کی تجلّی کے ماسوا بھی نہیں
نگاہ کھو بھی گئی اور کچھ مِلا بھی نہیں

فریبِ ہوش کا یہ دن تمام ہونے دے
چراغ دیرِ محبت ابھی جلا بھی نہیں

سموم گرم سے میں گُل کھِلا کے دیکھوں گا
مری خزاں کو بہاروں کا آسرا بھی نہیں

مٹے ہوؤں کے فسانے چمک رہے ہیں تمام
زمانہ اپنے شہیدوں کو بھولتا بھی نہیں

تجلّیوں نے جہاں رکھ دیا ہو آئینہ
نگاہ پھیر لے یہ جرأتِ حیا بھی نہیں

غموں کی رات میں سامانِ روشنی ہے نشؔور
یہ اِک ستارۂ مژگاں جو ڈوبتا بھی نہیں

گناہ گار تو رحمت کو مُنھ دِکھا نہ سکا
جو بے گناہ تھا وہ بھی نظر مِلا نہ سکا

طرب ہے شیوۂ رندانِ عاقبت نہ شناس
جو گل نہ تھا وہ گلستاں میں مسکرا نہ سکا

بہ زعم سجدہ چمکتی ہے کچھ جبین نیاز
وہ بے خبر ہے جو سجدے سے سر اُٹھا نہ سکا

بہت خفیف ہے کون و مکاں کی جلوہ گری
مری نگاہ کا گوشہ بھی جگمگا نہ سکا

صبا کا کام ہے تفریحِ رنگ و بوئے چمن
کہ دِل حجابِ گلستاں کی تاب لا نہ سکا

حوالۂ نگہِ شرمگیں ہوئیں آخر
وہ بجلیاں جو کہیں آسماں گرا نہ سکا

بدیعہ کار ہے ذہنِ خرد پسند مگر
تصوّرات سے تصویرِ غم بنا نہ سکا

عجب نہیں کہ گلستاں میں پا بہ گل رہ جائے
وہ بد نصیب جو رمزِ خرام پا نہ سکا

جیا وہ پاک جو رکھتا تھا خارِ پیراہن
جو گل بہ جیب تھا دامن کبھی بچا نہ سکا

نشورؔ نازکیِٔ طبعِ شعر کیا کہیے
جہاں میں رہ کے زمانے کے ناز اُٹھا نہ سکا

پیراہنِ رنگیں سے شعلہ سا نکلتا ہے
معصوم ہے کیا جانے دامن کہیں جلتا ہے

میری مژۂ غم پر لرزاں ہے حقیقت سی
ان کے لبِ لعلیں پر افسانہ مچلتا ہے

اچھی ہے، رہے تھوڑی یہ جلوہ طرازی بھی
رقصِ مہ و انجم میں دیوانہ بہلتا ہے

عنوان ترقی ہے یہ تیرہ فضائی بھی
کچھ گرد بھی اُٹھتی ہے جب قافلہ چلتا ہے

ہے شام ابھی کیا ہے بہکی ہوئی باتیں ہیں
کچھ رات ڈھلے ساقی میخانہ سنبھلتا ہے

بس دیکھ چکی دُنیا یہ بزم فروزی بھی
رکھا ہے چراغ ایسا بجھتا ہے نہ جلتا ہے

اِک سحر شبستاں ہے یہ فنِّ جہاں رانی
دُنیا ہے کہ سوتی ہے جادو ہے کہ چلتا ہے

افلاس کے آنسو سے طوفاں بھی لرزتے ہیں
شعلوں کا جگر گویا شبنم سے دہلتا ہے

مطرب بہ لبِ لعلیں ، ساقی بہ مے و مینا
اس گرمیٔ محفل میں ایمان پگھلتا ہے

دیکھا ہے نشؔور اُن کو غم دیدہ و نم دیدہ
فطرت بھی بدلتی ہے شاعر بھی بدلتا ہے

❊ ❊

لذتِ غم اگر کوئی جانے
صورتِ زندگی نہ پہچانے

جاگنے والوں کو سلا نہ سکے
گیسوؤں کے دراز افسانے

دامنِ شبنمِ سحر گاہی
لالۂ و گل کی آنچ کیا جانے

آج وہ مالکِ تمنا ہیں
جن کو ٹھکرا دیا تھا دُنیا نے

انقلابات نے پکار دیا
نیند کب ٹوٹتی خدا جانے

ہم ہیں آوارۂ حدودِ جمال
رہبرِ قوم کیوں برُا مانے

کوکبِ چشمِ آگہی ہیں نشورؔ
ٹوٹتے موتیوں کے یہ دانے

دُنیا کو خبر کیا کہ کسی سادہ ادا نے
اشکِ پسِ مژگاں سے بدل ڈالے زمانے

خود جل کے مرتب کئے محفل کے فسانے
پروانوں کو دعوتِ ہی نہ دی شمعِ حیا نے

رستہ وہی شاداب ملا لالہ و گل سے
جس راہ کو سینچا تھا کسی آبلہ پا نے

ہستی کی طرف دیکھ کے ہستی کو نہ دیکھا
مرنا بھی سکھایا مجھے جینے کی ادا نے

ہر راہ میں نقشِ کفِ پا گرم سفر ہیں
کچھ کام کیا قافلۂ بادِ صبا نے

اخلاص کو فرصت نہ ملی دیرِ بتاں سے
کعبے کو بسایا انھیں سجداتِ رِیا نے

پیچاں ہے سرِ راہ نشورؔ آج کی دُنیا
وہ گرد اُڑائی ہے زمانے کی ہوا نے

زندگی گرمیٔ احساس پہ نازاں ہے ابھی
ذوقِ آتش ہو تو ہر شعلہ گلستاں ہے ابھی

دوش تک سلسلۂ گیسوئے پیچاں ہے ابھی
حسنِ مضمون مہ و مہر کا عنواں ہے ابھی

آہ دل سوز ہے آنسو شرر افشاں ہے ابھی
ایک گوشہ مرے دامن کا چراغاں ہے ابھی

چشم ساقی میں ابھی تھوڑی سی مے باقی ہے
کوئی بہکے تو بہکنے کا بھی ساماں ہے ابھی

پھول بھی نکہتِ آوارہ کی اک منزل ہے
آدمی اپنے خیالات کا زنداں ہے ابھی

تیرہ بختی میں بھی مرنا نہیں آسان نشورؔ
زندہ رہنا ہے کہ خود موت نگہباں ہے ابھی

راستہ اس نے محبت کا جدا رکھا ہے
رَہ رَوِ شوق کو بھی آبلہ پا رکھا ہے

نام اِک مست نگاہی کا حیا رکھا ہے
وہ اگر دیکھیں تو میخانے میں کیا رکھا ہے

شیشۂ و جام کے اس دَورِ تحیُّر پہ نہ جا
سلسلہ گردشِ دوراں سے ملا رکھا ہے

زاہدِ خشک بھی خلّاقِ جہانِ نَو ہے
ایک عالم کا دو عالم تو بنا رکھا ہے

کتنے آزاد ہیں دُنیا میں تری اہلِ ستم
فیصلہ جیسے قیامت پہ اُٹھا رکھا ہے

اشک رنگیں ہو تو پی جاؤں بہ ایمائے خلوص
بادۂ ناب ہے ساقی نے روا رکھا ہے

سازِ ہستی کا کوئی تار شکستہ نہ سمجھ
نغمہ دل گیر تھا بے صوت و صدا رکھا ہے

عشق نے کچھ نہ کیا تیرہ شبی میں پھر بھی
اِک چراغ تہِ دامن تو جلا رکھا ہے

وقت نے کام لیا بادِ خزاں سے لیکن
ایک جھونکا ابھی صرصر کا بچا رکھا ہے

اہتمام اپنی تجلّی کا جو منظور ہوا
پردہ پہلے سے نگاہوں پہ گرا رکھا ہے

شعر محدود نہیں حُسنِ تخیُّل پہ نشورؔ
ان نگاہوں نے بھی اِک شعر چُرا رکھا ہے

دانستہ بے خودی بھی جمالِ حیات ہے
سمجھی ہوئی ادا کو نہ سمجھیں تو بات ہے

یہ انقلابِ گردشِ لات و منات ہے
دُنیا ابھی صنم کدۂ واقعات ہے

میرے لئے بہت ہے ترا پرتوِ جمیل
تیرے لئے یہ آئینہ شش جہات ہے

بہکے ہوئے قدم سے خراماں ہے زندگی
ہستی تمام لغزشِ پائے ثبات ہے

نشتر بچھا گئی ہیں زمانے کی کروٹیں
ٹپکا ہوا سا خون رگِ کائنات ہے

تہذیب نَو کی صبح کا دھوکا ہے یہ فروغ
عالم ہنوز ایک اُجالی سی رات ہے

ہر سانس میں ہے تلخیٔ صد شامِ غم نشورؔ
تا صبح مرگ فاصلۂ صد حیات ہے

کام لیتے ہیں جو ایجادِ نظر سے پہلے
نورِ خورشید بناتے ہیں سحر سے پہلے

میری پلکوں سے کوئی پوچھ لے تاریخِ سرِ اشک
کتنی آنکھوں میں یہ صہبا تھا، گہر سے پہلے

عشق نے جب کوئی عالم میں فسانہ لکھا
ابتدا کی تو تری زُلف و کمر سے پہلے

وعدۂ دوست کے نزدیک وہ اشکوں کا طلوع
کچھ ستارے نکل آئے تھے قمر سے پہلے

منزلِ غم سے بہت دُور لُٹا میرا جنوں
کتنے گلزار مِلے داغِ جگر سے پہلے

عقل بھی بعد میں سو ٹھوکریں کھا کر پہنچی
عشق گزرا ۔ تری راہ گزر سے پہلے

توڑ ڈالے ہیں تمناؤں کے کچھ تار نشوؔر
کچھ تو اسباب سمیٹے ہیں سفر سے پہلے

دُنیا سنور گئی ہے نظامِ دگر کے بعد
منزل پہ آ گئی ہے مشیّت سفر کے بعد

لالے میں رنگ ہے پہ کہاں یہ لہو ترنگ
دُنیا حسین ہے مرے ذوقِ نظر کے بعد

جیسے دل و نظر کے حجابات اُٹھ گئے
عالم خبر کا ہے نگہِ بے خبر کے بعد

بیتی ہوئی حیاتِ محبت کا تذکرہ
شام و سحر کی یاد ہے شام و سحر کے بعد

میں آ گیا سکوت و تبسُّم کے درمیاں
وہ مسکرا دیے سخنِ مختصر کے بعد

ہر راستہ کو لوٹ لیا اعتماد نے
رہزن بھی ایک شے ہے مگر راہبر کے بعد

تاریکیٔ حیات میں رخشاں ہے حُسنِ دوست
جلوے کہاں رہیں گے ہجومِ نظر کے بعد

حاصل ہے کائنات کا دردِ دل حیات
دُنیا میں کیا رہا مری آہِ سحر کے بعد

منزل پہ چھڑ گئی ہے کدورت کی داستاں
ہر کارواں نے گرد اُڑائی سفر کے بعد

نقشِ قدم کی آنکھ کھلی تیری راہ میں
رستے بھی سو گئے ہیں تری رہ گذر کے بعد

اہلِ ہنر کو دیکھ رہا ہوں غمیں نشورؔ
دُنیا ہنر ہے راس بھی آئے ہنر کے بعد

نظر نظر کو ساقیِ حیات کہتے آئے ہیں
ان انکھڑیوں کو میکدہ کی رات کہتے آئے ہیں

بہ چاشنیٔ عہدِ نوَ جو بات کہتے آئے ہیں
غمِ جہاں کو دِل کی کائنات کہتے آئے ہیں

فریبِ شوق کو تخیّلات کہتے آئے ہیں
بکھر گئے تو گیسوؤں کو رات کہتے آئے ہیں

اسی کو زندگی کا ساز دے کے مطمئن ہوں میں
وہ حسن جس کو حُسن بے ثبات کہتے آئے ہیں

یہ مخلصانِ عشق بھی عجب ادا پرست ہیں
وہ مسکرا دیئے تو اِلتفات کہتے آئے ہیں

حیات تا ممات ایک سلسلہ ہے عشق کا
کہاں ہیں وہ جو مرگ کو نجات کہتے آئے ہیں

نہ زاہدوں کے وعظ ترکِ عشق پر ہنسے کوئی
یہ بے خبر بھی حوصلے کی بات کہتے آئے ہیں

یہ نوجواں تو زندگی کو زندگی نہ کہہ سکے
جوانیوں میں موت کو حیات کہتے آئے ہیں

یہ ظرفِ بادہ کیا ہے بادہ آشنا سے پوچھئے
ہم اس کو شیشۂ تجلیّات کہتے آئے ہیں

غزل ہے نام حُسن کے معاملاتِ خام کا
خطا ہوئی کہ دلبروں کی بات کہتے آئے ہیں

سکون و خواب زندگی کی راہ میں کہاں نشوؔر
حیات کو مسافرت کی رات کہتے آئے ہیں

اِک دامنِ رنگیں لہرایا، مستی سی فضا میں چھا ہی گئی
جب سیر چمن کو وہ نکلے پھولوں کی جبیں شرما ہی گئی

یہ صحن چمن یہ باغِ جہاں خالی تو نہ تھا نکہت سے مگر
کچھ دامنِ گل سے دور تھا میں کچھ بادِ صبا کترا ہی گئی

احساسِ الم اور پاسِ حیا، اس وقت کا آنسو صہبا ہے
اس چشمِ حسیں کو کیا کہیے جب پی نہ سکی چھلکا ہی گئی

خود بیں تھا مزاجِ حُسن مگر ، دامانِ محبت چھو ہی گیا
انداز تغافل کچھ بھی سہی کچھ ان کی نظر فرما ہی گئی

ہر شعلہ گر عہدِ ظلمت انجام سے اپنے ڈرتا ہے
جب ذکرِ سحر محفل میں چھڑا کچھ شمع کی لو تھرّا ہی گئی

اس دور میں کتنے شیخ حرم میخانے کا رستہ پوچھ گئے
ساقی کی نظرِ بیگانہ سہی کچھ کارِ جہاں سمجھا ہی گئی

اک آہ جو شعلہ بار ہوئی عالم میں شرارے پھیل گئے
اک موج جو مضطر ہو کے اُٹھی دریا کا لہو گرما ہی گئی

تہذیب کے رعنا پیکر سے یہ بارِ امانت اُٹھ نہ سکا
ناظورۂ عہدِ حاضر کی نازک تھی کمر بل کھا ہی گئی

زہرابِ زمانہ پی پی کر جو اہلِ جنوں تھے راہ لگے
شاعر کو نشورؔ اک زلفِ دوتا غم دے نہ سکی اُلجھا ہی گئی

مضطرب فطرتِ انساں تپشِ گام سے ہے
ورنہ منزل پہ ہر اِک قافلہ آرام سے ہے

پھیکا پھیکا سا ہے اشکوں کی زبانی غمِ دل
عشرتِ راہ طلب شکوۂ ناکام سے ہے

آستانہ جو ترا دیر و حرم سے ہے بلند
ہٹ کے سجدہ بھی مرا کچھ روشِ عام سے ہے

ڈر ہے بُجھ جائے نہ انوارِ سحر سے پہلے
وہ دِیا جس کی کہ لو تیز سرِ شام سے ہے

گریۂ شبنمِ افتادہ ہے آگاہ سحر
شمع خنداں ہے مگر بے خبر انجام سے ہے

لفظ میں کیف ہے شاعر کے تصوّر کا نشورؔ
شاعری روح فزا پرتوِ الہام سے ہے

بہار چھپ نہیں سکی گُل و سمن پُکار اُٹھے
جو حُسن جلوہ ریز ہو تو پیرہن پُکار اُٹھے

طلوعِ انقلاب کے لیے جو مضطرب تھے دل
جو رات بھی چمک اُٹھی کرن کرن پُکار اٹھے

خیال اُن کا رنگ لے تو دل دھڑک دھڑک اُٹھیں
وہ انجمن فروز ہوں تو انجمن پُکار اُٹھے

کہا یہ کس نے حُسن سے کہ پھر سُبک خرام ہو
بہ ایں ادائے سادگی کہ بانکپن پُکار اُٹھے

یہ بجلیوں کا تھا کرم گل و بہار و باغ پر
کہ آشیاں پرست بھی چمن چمن پُکار اُٹھے

الم کوئی گنہ نہیں کہ مدّتوں رہے چھپا
جبینِ غم پہ بَل پڑے تو ہر شکن پُکار اُٹھے

کچھ اس طرح کی گرد اُٹھی کہ راہِ عمر کھو گئی
لُٹا کچھ ایسا کارواں کہ راہزن پُکار اُٹھے

یہ میکدوں میں ان دنوں کمی ہے لعلِ ناب کی
نئی اَدا کے بادہ کش مےَ کہن پُکار اُٹھے

وجود چھن گیا مگر حیات چُپ نہیں رہی
گزر کے بھی شہیدِ غم پسِ کفن پُکار اُٹھے

فضائے نظم تازہ ہے نشؔور ان دنوں مگر
چُھٹا جو دامنِ غزل تو اہلِ فن پُکار اُٹھے

جانبازوں کے لب پر بھی اب عیش کا نام آیا
جس ہاتھ میں تیشہ تھا اس ہاتھ میں جام آیا

اک تازہ تغیّر ہے تہذیب کی دُنیا میں
یا حُسن حقیقی کو اندازِ خرام آیا

راحت کا تصوّر ہی باقی نہ رہا شاید
ہونٹوں پہ تکلّف سے آرام کا نام آیا

کچھ سوچ کے اک راہِ پُر خار سے گزرا تھا
کانٹے بھی نہ راس آئے دامن بھی نہ کام آیا

ساقی یہ حریفوں کو پہچان کے دینا کیا
جب بزم سے ہم نکلے تب دَور میں جام آیا

اس تیرہ نصیبی میں کرنوں کا سہارا کیا
سورج کی طرف دیکھا وہ بھی لبِ بام آیا

یہ راز و نیازِ غم کچھ وہ بھی سمجھتے ہیں
جب چوٹ پڑی دل پر پلکوں کو سلام آیا

غم اور خوشی دونوں ہر روز کے مہمان ہیں
یہ صبح بہ صبح آئی وہ شام بہ شام آیا

پھینکے ہوئے شیشوں سے دل کتنے بنائے ہیں
جب جام کوئی ٹوٹا دیوانوں کے کام آیا

کانوں میں کچھ آتی ہے آواز پھڑکنے کی
پھر کوئی نیا طائر شاید تہِ دام آیا

اشعار نشورؔ اکثر اُن کی بھی زباں پر ہیں
چُپ رہ نہ سکا کوئی جب وقتِ کلام آیا

غزل مسلسل

فطرت[1] بے حجابات سے تھک جائے تو کیا ہو
بجلی ہے مقابل میں چمک جائے تو کیا ہو

ٹکرائے حجابوں سے نسیم سحری اور
شاخِ گلِ رنگیں سی لچک جائے تو کیا ہو

نزدیک ہی منزل گہِ جاناں ہے مگر عشق
نادیدہ مسافر ہے بھٹک جائے تو کیا ہو

گو نکہتِ داماں کو نہیں اِذنِ تجاوز
آغوشِ تمنا ہی مہک جائے تو کیا ہو

[1] ایک حُسن پردہ نشیں کے متعلق

جس وقت نگاہوں میں کلی پھول رہی ہو
کانٹا سا کوئی دل میں کھٹک جائے تو کیا ہو

دامن بھی ہے مشتاق کسی ہاتھ کا لیکن
ذوقِ پسِ پردہ ہے جھجک جائے تو کیا ہو

معشوق ہے آئینہ طلب کرلے تو کیا دُور
دوشیزہ ہے انداز بہک جائے تو کیا ہو

ایسے میں کہ درکار ہوں خاموش زبانیں
پیمانۂ گفتار چھلک جائے تو کیا ہو

کلیوں کے تبسُّم پر تھرکتی ہیں ہوائیں
شاعر ہے اشاروں میں بہک جائے تو کیا ہو

مدّت پہ نشوؔر آج ہے جاگا ہوا سا کچھ
پھر خوابِ حسیں کوئی تھپک جائے تو کیا ہو

ہزار شمع فروزاں ہو روشنی کے لیے
نظر نہیں تو اندھیرا ہے آدمی کے لیے

چمن چمن ہے محبت جہاں جہاں ہے جمال
یہ اہتمام ہے اک دل کی زندگی کے لیے

نگاہ دوست سلامت کہ فیضِ گریہ سے
بہت گہر ہیں مرے دامنِ تہی کے لیے

شبِ نشاط مبارک تجھے یہ ماہ و نجوم
سحر بہت ہے مری کم ستارگی کے لیے

نئی بہار گلستاں میں ٹھیرتی ہے ضرور
فریب عمر تبسّم ہے ہر کلی کے لیے

نگاہِ مست کی صہبا ٹپک رہی ہے نشورؔ
غزل کہی ہے طبیعت کی سرخوشی کے لیے

نہیں حُسن اب شمعِ فانوس خانہ
یہ گیسو بکھرتے ہیں شانہ بہ شانہ

اُمنڈتے ہیں آنسو جو چھیڑو فسانہ
یہ آنکھیں بھی کچھ ڈھونڈھتی ہیں بہانہ

بہت کم تھی عمرِ نگاہ و تبسُّم
سحر تک نہ تھا التفاتِ شبانہ

مرے آنسوؤں کی ادا کون سمجھے
گلوں کا تبسُّم سمجھا زمانہ

ابھی اور بجلی ہے درکارِ گلشن
ابھی سرد ہے شعلۂ آشیانہ

کسی شام نے اُن کے گیسو جو کھُولے
میں بھولا نسیم سحر کا فسانہ

نشوؔر اب غزل ہے حیاتِ دو عالم
یہ عنوانِ زُلف و کمر اِک بہانہ

مری رات کا اِک سکوں تاب عالم
پریشان ہے ان کے پسِ دوش گویا

وہ نظریں ہیں صبر آزمائے تمنّا
وہ جلوہ ہے غارت گرِ ہوش گویا

ابھی غم فزا کروٹوں میں ہے باقی
گداز شبستانِ آغوش گویا

دِلوں کی پرکھ ہے یہ حُسنِ تغافل
وہ طرزِ ملاقات کم جوش گویا

لرزتی ہوئی موجِ مَے ہے وہ دامن
گریزاں ہے اندازِ مَے نوش گویا

کلی مُسکرائی لبِ نیم وا پر
فضا ہوگئی نیم خاموش گویا

نشؔور اب مری غفلتیں آگہی ہیں
زمانہ ہے صد ساغرِ ہوش گویا

تخیّل رقص کرتا ہے تجلّی چھائی ہوتی ہے
میں شاعر ہوں بہت رنگیں مری تنہائی ہوتی ہے

وہی[1] بھولی ہوئی سی یاد ان کی آئی ہوتی ہے
مرے کاندھوں پہ جس دم زلفِ شب لہرائی ہوتی ہے

گزر جاتا ہوں مرگ و زیست کی فرسودہ راہوں سے
ٹھہرتا ہوں جہاں وہ منزلِ رعنائی ہوتی ہے

یہ دل بھی کچھ عجب دیوانہ رَو ہے ابتدا ہی سے
وہیں جاتا ہے جس رستہ پہ ٹھوکر کھائی ہوتی ہے

نشورؔ اس عہد میں دوشِ خزاں پر ہیں بہاریں بھی
کہ اس محفل میں پھولوں کی ہنسی مُرجھائی ہوتی ہے

---

[1] مجموعۂ کلام سوادِ منزل میں شعر اس طرح ہے
کوئی بھولی ہوئی سی یاد اس دم آئی ہوتی ہے
مرے کاندھے پہ جس دَم زلف شب لہرائی ہوتی ہے

ٹھکرائے ہوئے دل کی یاد آئی تو کیا آئی
پھینکا ہوا شیشہ تھا ٹوٹا تو صدا آئی

عشرت گہِ باطل کی رونق میں کمی کیا ہے
گر بادِ صبا جاکر اِک شمع بجھا آئی

دن ذوقِ نوازش سے بیگانہ سہی لیکن
جلوہ ہے نہ شعلہ ہے رات آئی تو کیا آئی

شب کو گل و لالہ بھی کروٹ سی بدلتے ہیں
وہ سوئے تو ان کو بھی اِک یاد جگا آئی

بڑھتی ہوئی بیتابی کچھ روٹھ گئی شاید
جھٹکے ہوئے دامن سے ہاتھوں کو حیا آئی

خورشید اگر ڈوبے دریا میں تو کیا حاصل
شبنم سے سحر تیری جب پیاس بُجھا آئی

اُٹھتا ہے قدم لیکن رفتار غنودہ ہے
نیند آ گئی رستوں کو منزل کی ہوا آئی

ہے کچھ تو نشورؔ احساں اس عمرِ رواں کا بھی
اِک روز کنارے پر کشتی تو لگا آئی

سمجھو تو یہ بھی تنگیِ چشمِ بہار ہے
شبنم کو زندگی کی کرن ناگوار ہے

ساقی تو اس نگاہ سے دل کی طرف نہ دیکھ
یوں ہی شکستہ شیشۂ لیل و نہار ہے

جوشِ عوام سے ہیں پریشاں سکوں پسند
موجوں کا اضطراب بھی ساحل پہ بار ہے

پیچھے نہ رہ گیا ہو کہیں میرِ کارواں
جو قافلہ کے ساتھ اُڑا وہ غبار ہے

یہ آدمی جو خاک کی پستی سے ہے اُٹھا
انسان ہوگیا تو دو عالم شکار ہے

اس دور میں کہیں بھی ٹھکانا نہیں نشورؔ
شاعر وطن میں رہ کے غریبُ الدیار ہے

شاید کہ نظر پہنچے تیری غمِ انساں تک
اے صبحِ چمن پرور چل شامِ غریباں تک

اِک طرزِ تغافل سے تھی دلکشیٔ عنواں
افسانہ بھی رنگیں ہے اشکِ پسِ مژگاں تک

مٹی سے کرن تک ہے اِک عشق کی تابانی
کس حُسن کا جادو ہے شبنم سے شبستاں تک

ٹوٹی ہوئی کشتی کا اس دور میں کیا شکوہ
ساحل پہ یہ رونق ہے اندازۂ طوفاں تک

ویرانیٔ رنگیں ہے یا رنگ پہ ویرانہ
بس ایک حکایت ہے گلشن سے بیاباں تک

کیوں دامنِ احساں کا گھبرا کے سہارا لوں
جب ہاتھ پہنچتا ہے ظالم کے گریباں تک

ان مست نگاہوں کے فتنے کا یقیں کرلو
یا ساتھ چلو میرے اس آئینہ ساماں تک

ہندی بھی نشورؔ آخر اُردو کے پجاری ہیں
بُت خانہ کے باسی ہیں کعبہ کے نگہباں تک

نگاہِ مست سے اخذِ غمِ حیات کرے
خبر نہ ہو تو کسی بے خبر سے بات کرے

کہاں فلک کے شرارے کہاں زمیں کے نجوم
وہ کچھ دنوں ابھی مشقِ تجلّیات کرے

کچھ اس نگاہ سے بچ کر گزر رہی ہے حیات
نظر ملے تو ہر اِک شے کو بے ثبات کرے

حریف عمر گریزاں ہے وہ گدائے شراب
جو بند شیشے میں اِک لمحۂ حیات کرے

یہ اِک جہان تو اب تک سنبھل سکا ہی نہیں
کسے پڑی ہے کہ پھر کُن سے کائنات کرے

نہ ہو اُمید تو یہ تیرگیِ بزم حیات
جہاں سے دن ہے نکلتا وہیں سے رات کرے

نگاہِ حُسن ہے مجوبِ التفات مگر
کبھی کبھی تو کسی اجنبی سے بات کرے

جب اک ادائے تغافل پہ خوش ہیں اہلِ جنوں
انھیں بھی کیوں کوئی پابندِ التفات کرے

مری شراب سے چیں بر جبیں نہ ہو واعظ
خدا تجھے بھی کبھی رند خوش صفات کرے

نہیں ہے شاعرِ فطرت پہ کوئی قید نشورؔ
مگر کبھی تو نظر سُوئے واقعات کرے

ہر ذرّۂ خاکی کو کرن ہم نے بنایا
مٹی کو لہو دے کے چمن ہم نے بنایا

تھا حُسن مگر اِک نگہِ نیم رضا سے
گیسو بہ کمر، لالہ شکن ہم نے بنایا

صد شکر کہ ہے ان کا تبسّم بھی ہمیں پر
کلیوں میں جنھیں غنچہ دہن ہم نے بنایا

حصّہ ہے یہاں شاخ پہ آہو کی ابھی تک
اور صحنِ غزالانِ چمن ہم نے بنایا

اغیار کو گل پیرہنی ہم نے عطا کی
اپنے لیے پھولوں کا کفن ہم نے بنایا

ہر جذبۂ آزادی فطرت کو ہوا دی
ہر بادۂ پیمانہ شکن ہم نے بنایا

تاریخ جنوں یہ ہے کہ ہر دورِ خرد میں
اِک سلسلۂ دَار و رَسن ہم نے بنایا

ڈرتے ہیں خموشی سے ہماری مہ و انجم
چُپ رہ کے وہ اندازِ سخن ہم نے بنایا

ٹکرائے کبھی موج سے ساحل پہ کبھی ہیں
بہتے ہوئے دریا میں وطن ہم نے بنایا

اشکوں سے ہمارے ہے منوّر نئی دُنیا
شبنم کو ضیا دی تو کرن ہم نے بنایا

مستقبل تہذیب کا نغمہ وہی ٹھہرا
جو زمزمۂ گنگ و جمن ہم نے بنایا

آفاق کا ہر جلوہ نشوؔر اُس میں عیاں ہے
مِل جُل کے وہ آئینۂ فن ہم نے بنایا

خاکِ تاباں

زمانہ دلکش بنا رہا ہوں فضا درخشاں بنا رہا ہوں
سحر کی آہوں قمر کے جلوؤں سے نظم دوراں بنا رہا ہوں

نوا کی تلخی مٹا رہا ہوں غمِ خوش الحاں بنا رہا ہوں
جو دشتِ غربت کی داستاں میں گلوں کو عنواں بنا رہا ہوں

حسیں شراروں بلند تاروں سے خاکِ تاباں بنا رہا ہوں
ٹھہرا بھی انقلابِ عالم کہ تیرا انساں بنا رہا ہوں

نظام ہستی کی ابتری میں ترا غمِ کامیاب مشکل
تری تمنا کا نام لے کر حیاتِ انساں بنا رہا ہوں